Los 11 mie familia rea

La biografía de la Casa de Windsor: La reina Isabel II y el príncipe Felipe, Harry y Meghan y más (Libro de biografías para jóvenes y adultos)

Por Student Press Books

Índice de contenidos

Índice de contenidos 2

Introducción 3

Tu regalo 4

Jorge V (1865-1936) 5

Eduardo VIII (1894-1972) 8

Jorge VI (1895-1952) 11

Isabel II (nacida en 1926) 14

Felipe (1921-2021) 19

Charles (nacido en 1948) 22

Diana (1961-1997) 25

William (nacido en 1982) 32

Catherine (nacida en 1982) 35

Harry (nacido en 1984) 38

Meghan (nacida en 1981) 41

Tu regalo 44

Libros 45

Conclusión 52

Introducción

Conoce a los 11 miembros de la familia real británica - biografías para mayores de 12 años.

Bienvenido a la serie Líderes mundiales. Este libro le presenta a los modelos reales británicos de la Casa de Windsor. Con **11 miembros de la familia real británica, este libro** presenta las biografías inspiradoras de algunas personas importantes del Reino Unido.

Este libro sobre los 11 miembros de la familia real británica es una lectura interactiva y educativa para lectores de todas las edades. Empezando por Jorge V, pasando por la propia Reina, hasta sus nietos y mucho más, es un rastreador del tiempo a través de los siglos en la Casa de Windsor. Desde la princesa Diana hasta Meghan Markle, con retratos que recorren más de 120 años de historia, ¡Este libro es ideal para todos aquellos que son fans de la monarquía británica !

Estos 11 miembros de la familia real británica son algo más que abuelos. Son líderes mundiales. Este libro ofrece las historias de sus vidas y logros, con datos y fotos para que puedas recordarlos ---a todos siempre.

Este libro de la serie Líderes mundiales abarca:

- Biografías fascinantes: Lee sobre los 11 miembros más importantes de la casa de Windsor: Jorge V, Eduardo VIII, Jorge VI, Isabel II, Felipe, Carlos, Diana, Guillermo, Catalina, Harry y Meghan.
- Retratos vívidos: haz que estos miembros de la realeza británica cobren vida en tu imaginación con la ayuda de estimulantes ilustraciones.

Sobre la serie: La serie Líderes mundiales de **Student Press Books** presenta nuevas perspectivas sobre la realeza británica que inspirarán a los jóvenes lectores a considerar su lugar en la sociedad y a aprender sobre la historia.

Los 11 miembros de la familia real británica va más allá de otros libros de biografías de la realeza y destaca información que otros libros omiten. ¿Quién es su miembro favorito de la realeza británica?

Tu regalo

Tienes un libro en tus manos.

No es un libro cualquiera, es un libro de Student Press Books. Escribimos sobre héroes negros, mujeres empoderadas, mitología, filosofía, historia y otros temas interesantes.

Ya que has comprado un libro, queremos que tengas otro gratis.

Todo lo que necesita es una dirección de correo electrónico y la posibilidad de suscribirse a nuestro boletín (lo que significa que puede darse de baja en cualquier momento).

¿A qué espera? Suscríbase hoy mismo y reclame su libro gratuito al instante. Todo lo que tiene que hacer es visitar el siguiente enlace e introducir su dirección de correo electrónico. Se le enviará el enlace para descargar la versión en PDF del libro inmediatamente para que pueda leerlo sin conexión en cualquier momento.

Y no te preocupes: no hay trampas ni cargos ocultos; sólo un regalo a la vieja usanza por parte de Student Press Books.

Visite este enlace ahora mismo y suscríbase para recibir un ejemplar gratuito de uno de nuestros libros.

Link: https://campsite.bio/studentpressbooks

Jorge V (1865-1936)

Antiguo rey del Reino Unido

El rey de Gran Bretaña durante la Primera Guerra Mundial fue Jorge V. Su reinado duró de 1910 a 1936. Durante el ambiente antialemán de los años de la guerra, cortó la conexión de la familia real británica con todo lo alemán y rebautizó su línea, antes Saxe-Coburg-Gotha, como la casa de Windsor.

George Frederick Ernest Albert nació en Londres, Inglaterra, el 3 de junio de 1865. Jorge V era nieto de la reina Victoria y segundo hijo del príncipe Alberto Eduardo, más tarde rey Eduardo VII. Desde los 12 años, se formó para hacer carrera en la marina. Había alcanzado el rango de comandante de la Marina Real cuando la muerte de su hermano mayor le hizo heredero del trono a la edad de 26 años.

Jorge V comenzó entonces una formación más especializada para prepararse para el papel de monarca. Creado duque de York en 1892, se casó en 1893 con la princesa María de Teck, que había sido la prometida del hermano de Jorge V. Cuando su padre se convirtió en rey en 1901,

Jorge fue nombrado duque de Cornualles y príncipe de Gales. Ascendió al trono a la muerte de su padre en 1910.

Como rey, Jorge mantuvo la sabia política de gobierno constitucional seguida por su padre. Al principio de su reinado, Jorge se enfrentó a una lucha constitucional en la que el gobierno liberal intentaba conseguir la aprobación de un proyecto de ley que limitaba el poder de la Cámara de los Lores, la cámara alta del Parlamento. Los liberales consiguieron una promesa del rey de crear suficientes nuevos pares para superar la oposición conservadora al proyecto de ley en la Cámara de los Lores.

Después de que los liberales ganaran las elecciones de 1910, la Cámara de los Lores cedió y aprobó la Ley del Parlamento (1911) sin que el rey tuviera que cumplir su promesa. El respeto por el rey Jorge aumentó enormemente durante la Primera Guerra Mundial, y visitó el frente en Francia en varias ocasiones.

El reinado de Jorge supuso cambios en la relación entre la monarquía y partes del Imperio Británico. En Irlanda, el Alzamiento de Pascua de 1916 desencadenó una rebelión que dio lugar a la creación del Estado Libre Irlandés en 1922. En 1931 el Parlamento aprobó el Estatuto de Westminster, que reconocía el derecho del Estado Libre Irlandés y de otros dominios de la Commonwealth británica a controlar sus propios asuntos internos y externos. La corona británica se convirtió en el nexo de unión entre la madre patria y los dominios autónomos.

La celebración de las bodas de plata de Jorge, en 1935, dio al público la oportunidad de expresar su afecto y admiración por él. El rey murió el 20 de enero de 1936. Le sucedió su hijo Eduardo, príncipe de Gales, que se convirtió en Eduardo VIII. Jorge V tuvo otros cinco hijos: Alberto, duque de York, que sucedió a Eduardo como Jorge VI; Enrique, duque de Gloucester; Jorge, duque de Kent; el príncipe Juan, que murió joven; y María, la princesa real, condesa de Harewood.

Destacados

- Creado duque de York (mayo de 1892), Jorge V se casó (julio de 1893) con la princesa María de Teck, que había sido la prometida de su hermano.

- Creado duque de Cornualles y príncipe de Gales tras la adhesión de su padre (1901), Jorge V sucedió a su padre el 6 de mayo de 1910 y fue coronado el 22 de junio de 1911.
- Tras el éxito liberal en las elecciones de diciembre de 1910, la Cámara de los Lores cedió y aprobó la Ley del Parlamento (1911), y el rey no tuvo que cumplir su promesa.
- El respeto por el rey Jorge aumentó enormemente durante la Primera Guerra Mundial, y visitó el frente en Francia en varias ocasiones.

Preguntas de investigación

1. ¿Qué le gustaría saber sobre la monarquía británica?
2. ¿Quién es su aristócrata favorito de la historia y por qué?
3. ¿Qué miembro de la realeza querrías que fuera tu mejor amigo?

Eduardo VIII (1894-1972)
Antiguo rey del Reino Unido

Eduardo VIII reinó como rey del Reino Unido durante menos de un año. Abdicó, o renunció al trono, en diciembre de 1936 para casarse con la estadounidense Wallis Warfield Simpson. Fue el único soberano británico que renunció voluntariamente a la corona.

Eduardo nació el 23 de junio de 1894 en Richmond, Surrey, Inglaterra. Hijo mayor de Jorge, duque de York, se convirtió en heredero del trono en 1910, cuando su padre se convirtió en el rey Jorge V. En 1911 fue nombrado príncipe de Gales. Durante la Primera Guerra Mundial sirvió como oficial de Estado Mayor.

Después de la guerra y durante los primeros años de la década de 1920, el Príncipe Eduardo realizó extensas giras de buena voluntad por el Imperio Británico. En la década de 1930 se interesó cada vez más por los asuntos nacionales y se hizo muy popular entre el pueblo británico.

Eduardo tenía casi 42 años cuando se convirtió en rey a la muerte de Jorge V, el 20 de enero de 1936. Hacia finales de ese año, expresó su deseo de casarse con Wallis Warfield Simpson, a quien había conocido en 1930. Simpson, estadounidense, ya había estado casada dos veces, y su segundo divorcio aún no era definitivo.

Los gobiernos británico y de la Commonwealth se opusieron enérgicamente a este matrimonio por considerarlo contrario a la dignidad de la corona británica. Sin embargo, Eduardo había tomado una decisión y el 10 de diciembre de 1936 abdicó. Su hermano menor subió al trono como Jorge VI. El primer acto del nuevo rey fue nombrar a su hermano duque de Windsor. El duque se casó con Simpson en Francia el 3 de junio de 1937, y ella se convirtió en la duquesa de Windsor.

De 1937 a 1939 y después de 1945, el duque y la duquesa residieron en París, Francia. Durante la Segunda Guerra Mundial, por invitación del Primer Ministro británico Winston Churchill, fue gobernador de las Bahamas, que entonces era una colonia británica. Aunque se contaban entre la élite social, hasta 1967 no fueron invitados a asistir a una ceremonia pública oficial con otros miembros de la familia real.

Eduardo VIII murió en París el 28 de mayo de 1972. La duquesa murió allí el 24 de abril de 1986. Fueron enterrados uno al lado del otro en el cementerio real de Frogmore, dentro de los terrenos del castillo de Windsor, en Inglaterra.

Destacados

- Hijo mayor de Jorge, duque de York (más tarde rey Jorge V), y de la princesa María de Teck (más tarde reina María), Eduardo VIII se convirtió en heredero del trono con la llegada de su padre (6 de mayo de 1910).
- Aunque se formó (1907-11) para la Marina Real, Eduardo VIII fue comisionado en la Guardia de Granaderos del ejército tras el estallido de la Primera Guerra Mundial (6 de agosto de 1914) y sirvió como oficial de Estado Mayor.
- El estallido de la Segunda Guerra Mundial no logró cerrar la brecha entre el duque y su familia, y tras visitar Londres aceptó un puesto como oficial de enlace con los franceses.

- Eduardo VIII fue el único soberano británico que renunció voluntariamente a la corona.

Preguntas de investigación

1. Si pudiera hacer una pregunta a un miembro de la realeza británica, ¿cuál sería?
2. Si nacieras en una familia real, ¿querrías ser rey o princesa?
3. ¿Cree que debemos mantener o abolir la monarquía?

Jorge VI (1895-1952)
Antiguo rey del Reino Unido

Cuando el rey Eduardo VIII abandonó el trono británico en diciembre de 1936, su hermano Alberto, duque de York, le sustituyó y adoptó el nombre de Jorge VI. Durante su reinado, el Reino Unido luchó por la victoria en la Segunda Guerra Mundial, India y Pakistán obtuvieron su independencia y el Imperio Británico se convirtió en la Mancomunidad de Naciones.

Jorge se ganó el respeto de su pueblo observando concienzudamente las responsabilidades de un monarca constitucional y superando la desventaja de un severo tartamudeo.

Albert Frederick Arthur George nació el 14 de diciembre de 1895 en Sandringham, Norfolk, Inglaterra. Fue el segundo hijo del futuro rey Jorge V. Como príncipe Alberto, sirvió en la Marina Real y en el Servicio Aéreo Naval Real durante la Primera Guerra Mundial y luego asistió al Trinity College de Cambridge en 1919-20. El 3 de junio de 1920 fue nombrado duque de York. En 1923 se casó con Lady Elizabeth Angela Marguerite Bowes-Lyon. Tuvieron dos hijos, Elizabeth (más tarde reina Isabel II) y Margaret (más tarde condesa de Snowdon).

Aunque su esposa, Isabel, se opuso desesperadamente a que se convirtiera en rey debido a su mala salud y al hecho de que Jorge tartamudeaba mucho, fue el siguiente heredero al trono británico. Fue proclamado rey el 11 de diciembre de 1936, tras la abdicación de Eduardo VIII, y fue coronado oficialmente el 12 de mayo de 1937.

Durante la Segunda Guerra Mundial, el rey y la reina permanecieron junto a su pueblo. Su presencia en Londres durante los ataques aéreos y sus mensajes emitidos durante esos años de ansiedad y tensión hicieron mucho por animar e inspirar al pueblo británico. El rey Jorge apoyó el liderazgo en tiempos de guerra del primer ministro Winston Churchill y visitó sus ejércitos en varios frentes de batalla.

El rey Jorge dejó de ser emperador de la India cuando ésta y Pakistán se convirtieron en países independientes en 1947. Sin embargo, en 1949 fue reconocido formalmente como jefe de la Mancomunidad de Naciones por los gobiernos de sus Estados miembros.

A partir de 1948, la salud de George se deterioró. Murió el 6 de febrero de 1952, unos meses después de ser operado de cáncer de pulmón. Su hija Isabel subió al trono como reina Isabel II. La viuda de Jorge, Isabel, adoptó el título de reina madre y siguió manteniendo el afecto del pueblo británico toda su vida; murió en 2002 a los 101 años.

Destacados

- El 3 de junio de 1920, Jorge VI fue creado duque de York.
- Tuvieron dos hijos: La princesa Isabel (después reina Isabel II) y la princesa Margarita (después condesa de Snowdon).
- El duque de York asumió el trono el 11 de diciembre de 1936, tras la abdicación de su hermano Eduardo VIII; Jorge VI fue proclamado oficialmente rey al día siguiente.
- Tomó el nombre de Jorge VI y fue coronado el 12 de mayo de 1937.

Preguntas de investigación

1. ¿Por qué la gente encuentra a la realeza tan fascinante?
2. ¿Qué haría falta para revocar la nacionalidad de la familia real?
3. La monarquía es cada vez más o menos popular, ¿qué opinas?

Isabel II (nacida en 1926)
La Reina del Reino Unido

Isabel II se convirtió en reina del Reino Unido de Gran Bretaña e Irlanda del Norte en 1952. Al igual que Isabel I de la Edad de Oro inglesa, Isabel II llegó al trono cuando sólo tenía 25 años. Isabel II se convirtió en la monarca que más tiempo ha reinado en Gran Bretaña.

El padre de Isabel era Alberto, duque de York, segundo hijo del rey Jorge V. Su madre era Lady Elizabeth Bowes-Lyon, miembro de la aristocracia escocesa. La princesa Isabel nació el 21 de abril de 1926 en la casa londinense de los padres de su madre, Lord y Lady Strathmore. Cinco semanas después fue bautizada en el Palacio de Buckingham y bautizada como Elizabeth Alexandra Mary, en honor a tres reinas de su país.

Isabel II tenía 4 años cuando nació su hermana, Margarita Rosa (21 de agosto de 1930). A pesar de la diferencia de edad, las princesas se convirtieron en íntimas compañeras. Margarita Rosa era vivaz y traviesa; Isabel, más bien seria y reflexiva.

El hogar londinense de la familia era una gran casa victoriana en el 145 de Piccadilly. Las vacaciones de verano se solían pasar en Escocia y los fines de semana en la casa de campo del duque, Royal Lodge, en Windsor Great Park, a 40 kilómetros al oeste de Londres. Aquí los niños tenían una casa de juegos, un regalo del pueblo de Gales. Se llamaba "Y Bwthyn Bach", o la casita de paja. Estaba equipada con pequeños muebles, ropa de cama, luz eléctrica, cañerías y ventanas que se abrían y cerraban. Como sólo los niños podían estar de pie en ella, las propias princesas la limpiaban y la mantenían en orden.

Las princesas no iban a la escuela, sino que recibían clases de una institutriz, la señorita Marion Crawford, una joven escocesa. Su rutina diaria variaba poco de un día a otro. Isabel, a los 5 años, se levantaba a las 6 de la mañana y salía a dar una clase de equitación con un mozo.

Después del desayuno, ella y su hermana fueron a la habitación de sus padres. Pasaron el resto de la mañana con su institutriz. Después del almuerzo, recibían clases de francés, voz y piano. Por la tarde jugaban en el jardín, normalmente con su institutriz. Estaban tan absortos en sus juegos de escondite o "sardinas" que apenas se fijaban en la gente que se reunía fuera de la valla del jardín para observarlos.

Rara vez tenían la compañía de otros niños, pero tenían muchas mascotas, sobre todo caballos y perros. De vez en cuando, su institutriz les daba un capricho especial llevándoles a dar un paseo en el metro o encima de un autobús. Vestían con sencillez, con vestidos de algodón en casa y con abrigos de tweed y boinas cuando salían. Se acostaban temprano, después de una visita a sus padres.

Los días de despreocupación de Isabel terminaron en 1936. Jorge V, su abuelo, murió a principios de ese año, y antes de que terminara el año su tío David (Eduardo VIII) abdicó. El padre de Isabel se convirtió entonces en rey, como Jorge VI, e Isabel pasó a ser heredera presunta del trono.

La familia se trasladó al Palacio de Buckingham, la residencia real, que era más un museo que una casa. Desde las habitaciones de las princesas, en la parte delantera, había un paseo de cinco minutos hasta el jardín de la parte trasera.

A partir de ese momento, Isabel comenzó a formarse para sus futuras funciones. De sus padres y de su abuela, la reina María, aprendió la etiqueta de la corte y las prácticas diplomáticas. Estudió la geografía y la historia de los países de la Commonwealth y de los Estados Unidos y fue conducida al Eton College para recibir clases particulares de derecho constitucional.

Isabel tenía 13 años cuando estalló la Segunda Guerra Mundial en 1939. Al año siguiente empezaron a caer bombas sobre Londres, y las princesas fueron enviadas por seguridad a la sombría fortaleza del castillo de Windsor. El 13 de octubre de 1940, Isabel regresó a Londres para hacer su primera transmisión, desde una habitación del Palacio de Buckingham.

Con una voz clara y segura, dijo a los niños de todo el mundo que los niños de Gran Bretaña estaban "llenos de alegría y coraje". Antes de que terminara la guerra, se alistó en la rama femenina del ejército y recibió formación como conductora y mecánica de automóviles.

Isabel tuvo el privilegio, a menudo negado a la realeza, de casarse con un hombre al que amaba. Durante la guerra conoció al príncipe Felipe, oficial de la Marina Real. Felipe nació el 10 de junio de 1921 en la isla griega de Corfú. Como hijo del príncipe Andrés de Grecia, estaba en la línea del trono griego, pero no tenía sangre griega. A través de su madre, la princesa Alicia, descendía, como Isabel, de la reina Victoria de Inglaterra. Fue educado en Escocia bajo el cuidado de su tío y tutor, el conde Mountbatten.

En cuanto terminó la guerra, Felipe se convirtió en un visitante frecuente de palacio. Antes de que el rey anunciara los esponsales de la joven pareja, Felipe abandonó su título de príncipe para convertirse en ciudadano británico y adoptó el apellido de su madre, Mountbatten. El rey le creó entonces duque de Edimburgo. El 20 de noviembre de 1947, la pareja se casó en la Abadía de Westminster. El 14 de noviembre de 1948 nació un hijo, el príncipe Carlos Felipe Arturo Jorge, y el 15 de agosto de 1950 una hija, la princesa Ana Isabel Luisa.

El 19 de febrero de 1960, la reina tuvo un tercer hijo, el príncipe Andrés Alberto Christian Eduardo. Su cuarto hijo, el príncipe Eduardo Antonio Ricardo Luis, nació el 10 de marzo de 1964. Todos estos hijos llevaban el apellido "de Windsor", pero en 1960 la reina anunció que un nuevo apellido, Mountbatten-Windsor, sería llevado por la tercera generación de su familia.

Incluso antes de convertirse en reina, Isabel sirvió al gobierno como hábil embajadora. En 1948 visitó París y fue aclamada por el pueblo francés. En 1951, ella y su marido realizaron una gira de seis semanas por todas las provincias de Canadá y luego volaron a Washington, D.C., para una breve visita con el presidente estadounidense Harry S. Truman y su esposa.

La pareja real se encontraba en Kenia, en la primera etapa de una gira de cinco meses por Australia y Nueva Zelanda, cuando Jorge VI murió el 6 de febrero de 1952. Isabel se convirtió automáticamente en reina. Ella y su marido volaron inmediatamente a Londres. El 8 de febrero, la reina prestó el juramento de adhesión ante el Consejo Privado.

Isabel II fue coronada en la Abadía de Westminster el 2 de junio de 1953. En 1957, Isabel confirió a su marido el título de príncipe del Reino Unido. En 1958 nombró príncipe de Gales a su hijo mayor y heredero al trono. Fue investido príncipe de Gales en 1969.

Isabel favoreció la sencillez en la vida de la corte y se interesó por los asuntos del gobierno. Viajó mucho, por todo el Reino Unido y por muchos países de la Commonwealth. Su reinado fue una época de escrutinio público sin precedentes de la monarquía, especialmente tras el fracaso del matrimonio de su hijo Carlos y Diana, princesa de Gales, y la muerte de Diana en 1997.

El sentimiento popular en Gran Bretaña se volvió contra la familia real, a la que se consideraba fuera de contacto con la vida británica contemporánea. En respuesta, Isabel trató de presentar una imagen de la monarquía menos ostentosa y menos tradicional, lo que hizo con cierto éxito. En 2002 celebró su Jubileo de Oro, que marcaba 50 años en el trono.

Diez años más tarde, la reina celebró su Jubileo de Diamante, marcando 60 años en el trono. El aniversario oficial fue en febrero de 2012, pero los principales festejos tuvieron lugar a principios de junio. Los actos incluyeron un desfile de barcos por el río Támesis y un concierto en el Palacio de Buckingham. En ciudades de todo el Reino Unido y la

Commonwealth se encendieron más de 4.000 balizas para conmemorar la ocasión. La reina también apareció en un servicio religioso en la catedral de San Pablo. Finalmente, una procesión la llevó de vuelta al Palacio de Buckingham, donde saludó al pueblo de Londres desde el balcón.

La celebración del Jubileo de Diamante de la reina se extendió más allá de los actos oficiales durante el resto del año. Los miembros de la familia real, incluidos el príncipe Guillermo, Catalina, duquesa de Cambridge, y el príncipe Harry, visitaron muchos de los países de la Commonwealth. En 2015 Isabel superó a la reina Victoria y se convirtió en la monarca que más tiempo ha reinado en la historia británica.

Destacados

- Su coronación se celebró en la Abadía de Westminster el 2 de junio de 1953.
- A partir de noviembre de 1953, la reina y el duque de Edimburgo dieron una vuelta al mundo de seis meses por la Commonwealth, que incluyó la primera visita a Australia y Nueva Zelanda de un monarca británico reinante.
- La reina parecía cada vez más consciente del papel moderno de la monarquía, permitiendo, por ejemplo, la televisación de la vida doméstica de la familia real en 1970 y aprobando la disolución formal del matrimonio de su hermana en 1978.

Preguntas de investigación

1. ¿Qué es lo más divertido que ha hecho la Reina Isabel II?
2. ¿Cuál es su cita favorita de la Reina Isabel II?
3. Además de Inglaterra y los reinos de la Commonwealth, ¿cuáles son los demás países de la Reina Isabel II?

Felipe (1921-2021)
Esposo de la Reina Isabel II | Duque de Edimburgo

El marido de la Reina Isabel II del Reino Unido era el Príncipe Felipe, duque de Edimburgo. Su título completo era Príncipe Felipe, duque de Edimburgo, conde de Merioneth y barón de Greenwich.

Felipe nació el 10 de junio de 1921 en Corfú (Grecia). Su padre era el príncipe Andrés de Grecia y Dinamarca, hijo menor del rey Jorge I de Grecia. Su madre era la princesa Alicia, bisnieta de la reina Victoria.

Criado principalmente en Gran Bretaña, Philip se educó en la escuela Gordonstoun de Escocia y en el Royal Naval College. Desde enero de 1940 hasta el final de la Segunda Guerra Mundial sirvió con la Royal Navy en combate en el Mediterráneo y el Pacífico.

En 1947 Felipe se convirtió en súbdito británico, renunciando a su derecho a los tronos griego y danés y adoptando el apellido de su madre, Mountbatten. Ese mismo año se casó con su prima lejana, la princesa

Isabel. La víspera de su boda, el Rey le nombró duque de Edimburgo. Felipe continuó en servicio activo en la Marina Real hasta que Isabel subió al trono en 1952. A partir de entonces, compartió su vida oficial y pública. Felipe e Isabel tuvieron cuatro hijos, entre ellos Carlos, príncipe de Gales.

En 1957, Isabel confirió a Felipe el título de príncipe del Reino Unido. En 1960 su apellido se combinó legalmente con el nombre de su familia - como Mountbatten-Windsor- como apellido para las ramas menores de la familia real.

Las opiniones derechistas de Felipe a veces avergonzaban a la monarquía, que intentaba dejar de lado su tradicional imagen de alta sociedad. Aunque gran parte de su tiempo lo dedicó a cumplir con los deberes de su cargo, Felipe se dedicó a diversas obras de caridad.

Philip fue presidente del Fondo Mundial para la Naturaleza (WWF) de 1981 a 1996. Su programa del Premio Internacional permitió que más de seis millones de jóvenes adultos participaran en actividades de servicio comunitario, desarrollo de liderazgo y acondicionamiento físico.

En 2011, con motivo de su 90 cumpleaños, Isabel le confirió a Felipe el título y el cargo de lord alto almirante, el jefe ceremonial de la Marina Real. Felipe fue una de las personas más ocupadas de la familia real, haciendo más de 22.000 apariciones en solitario a lo largo de los años. Se retiró de la vida pública en agosto de 2017. Felipe murió el 9 de abril de 2021 en el castillo de Windsor, en Inglaterra.

Destacados

- Criado principalmente en Gran Bretaña, Philip fue educado en la Gordonstoun School, cerca de Elgin, Moray, Escocia, y en el Royal Naval College, Dartmouth, Devon, Inglaterra.
- Desde enero de 1940 hasta el final de la Segunda Guerra Mundial, sirvió con la Royal Navy en combate en el Mediterráneo y el Pacífico.
- Su matrimonio con su prima lejana, la princesa Isabel, tuvo lugar en la Abadía de Westminster el 20 de noviembre de 1947.
- En mayo de 2017 se anunció que Felipe -que era uno de los miembros de la realeza más ocupados, con más de 22.000

apariciones en solitario a lo largo de los años- dejaría de realizar compromisos públicos en agosto.

Preguntas de investigación

---

1. ¿Eres más de Harry o de Felipe?
2. ¿Quién es su miembro de la realeza favorito y por qué le gusta tanto?
3. ¿Has oído hablar de alguien que trabaje en la casa real?

Charles (nacido en 1948)

Hijo mayor de la reina Isabel II | Heredero del trono británico | Príncipe de Gales | Conde de Chester

Cuando Isabel II se convirtió en reina de Inglaterra en 1952, su hijo mayor, Carlos, pasó a ser el heredero del trono. Conocido habitualmente como príncipe de Gales, Carlos es también conde de Chester, duque de Cornualles, duque de Rothesay, conde de Carrick y barón de Renfrew, entre otros títulos.

Celebridad internacional desde la infancia, Charles era conocido como deportista y como comentarista franco sobre la renovación urbana, la pobreza, el medio ambiente y otras cuestiones sociales.

Carlos Felipe Arturo Jorge, cuyo apellido es Windsor, nació en Londres, en el Palacio de Buckingham, el 14 de noviembre de 1948. A diferencia de los anteriores herederos al trono, que fueron educados en palacio por tutores, el príncipe Carlos fue a un internado.

Carlos asistió a la Cheam School de Headley y a la Gordonstoun School de Escocia, donde también había estudiado su padre, el príncipe Felipe, duque de Edimburgo. Carlos estudió arqueología y antropología en el Trinity College de la Universidad de Cambridge y se licenció en 1971, la primera vez que un heredero de la corona británica se licenciaba. Se tomó un tiempo para estudiar la lengua galesa como preparación para su investidura (toma de posesión ceremonial) como príncipe de Gales el 1 de julio de 1969.

Después de asistir a la Royal Air Force College y a la Royal Naval College, Charles cumplió un período de servicio en la Royal Navy hasta 1976. Pilotó aviones y sirvió en buques.

El 29 de julio de 1981, Carlos se casó con Lady Diana Spencer, hija de un conde inglés, en una boda en la Catedral de San Pablo que fue televisada en todo el mundo. El príncipe Guillermo, su primer hijo y segundo en la línea de sucesión al trono, nació el 21 de junio de 1982. Un segundo hijo, Enrique (llamado Harry), nació el 15 de septiembre de 1984. Carlos y Diana anunciaron su separación en 1992 y se divorciaron en 1996. Diana murió en un accidente de coche el 31 de agosto de 1997. Carlos se casó con Camilla Parker Bowles el 9 de abril de 2005.

Destacados

- Charles asistió al Royal Air Force College (convirtiéndose en un excelente aviador) y al Royal Naval College, en Dartmouth, y de 1971 a 1976 realizó un período de servicio en la Royal Navy.
- Más tarde, Charles se convirtió en un crítico abierto de la arquitectura moderna.
- En 1992, Carlos fundó el Instituto de Arquitectura del Príncipe de Gales, que más tarde evolucionó hasta convertirse en el BRE Trust, una organización dedicada a proyectos de regeneración y desarrollo urbano.
- El 29 de julio de 1981, Carlos se casó con Lady Diana Frances Spencer, hija del octavo conde Spencer; la boda real fue un acontecimiento mediático mundial, retransmitido en directo por televisión y visto por cientos de millones de personas.

Preguntas de investigación

1. ¿Quién cree que es el miembro más importante de la familia real británica?

2. Si pudiera elegir a dos compañeros de la realeza para pasar tiempo con ellos y charlar a la hora del té cada semana, ¿quiénes serían?
3. ¿Cómo "cambia" las cosas el hecho de estar asociado a la Corona?

Diana (1961-1997)

La esposa de Carlos | La nuera de la Reina | La princesa de Gales

La obsesión internacional por Diana, princesa de Gales, fue un fenómeno de la era de la televisión, el periodismo sensacionalista, las escuchas telefónicas y los teleobjetivos. Las personas con información privilegiada revelaron detalles muy personales en libros reveladores y entrevistas en programas de entrevistas.

Las fotos cándidas se vendieron por cientos de miles de dólares. Durante los 16 años que transcurrieron desde su boda hasta su repentina muerte, millones de personas siguieron la historia de esta joven con capacidades ordinarias que se vio envuelta en circunstancias extraordinarias y que se elevó por encima de sus problemas para convertirse en una de las mujeres más admiradas del mundo.

Diana Frances Spencer nació el 1 de julio de 1961 en Park House, la casa que sus padres alquilaron en la finca de la reina Isabel en Sandringham,

Norfolk, Inglaterra. Tercera hija de Edward John, vizconde de Althorp (más tarde 8º conde Spencer), y de su primera esposa, Frances Roche, Diana creció sabiendo que sus padres esperaban un niño. Su cuarto hijo fue finalmente un varón, Carlos. Los padres de Diana se separaron el verano en que Diana cumplió 6 años. El acuerdo de divorcio otorgó al vizconde la custodia de los niños.

Diana y su hermano pasaron los siguientes años yendo y viniendo de casa de sus padres al cuidado de una serie de niñeras. Sus hermanas mayores, Sarah y Jane, ya estaban en un internado. Diana cuidó de su hermano hasta que tuvo la edad suficiente para ir al internado.

En septiembre de 1970, Diana ingresó en Riddlesworth Hall, un internado preparatorio de Norfolk. Era débil en lo académico, pero le encantaba el ballet, la natación y el tenis.

En 1974 se matriculó en la escuela West Heath, un centro privado de enseñanza secundaria cerca de Sevenoaks, Kent, donde su madre y sus hermanas habían ido antes que ella. Leía novelas románticas y seguía bailando, aunque su sueño de convertirse en bailarina se desvaneció cuando su altura aumentó a 1,8 metros. El plan de estudios de West Heath hacía hincapié en el servicio a la comunidad. Diana disfrutaba haciendo recados para una mujer mayor del pueblo y trabajando como voluntaria en un hogar para discapacitados mentales y físicos.

Se convirtió en Lady Diana Spencer en 1975, cuando su padre heredó el condado de los Spencer. La familia se trasladó de Park House a la enorme finca de Althorp, a 9,7 kilómetros de Northampton. Diana dejó la escuela pública en 1977 y completó su educación formal a los 16 años con unos meses en una escuela de acabado en Suiza, donde se convirtió en una competente esquiadora.

Diana vivió durante un tiempo con su madre en Londres. Para su 18º cumpleaños, sus padres le regalaron un apartamento en Londres, que compartió con sus amigos. Poco después de mudarse, consiguió un trabajo regular a tiempo parcial como asistente en un prestigioso jardín de infancia.

Diana conoció a Carlos Felipe Arturo Jorge, príncipe de Gales y heredero al trono británico, cuando éste cortejaba a su hermana Sara. Diana le vio más a menudo después de que su hermana Jane se casara con Robert Fellowes, que trabajaba en el Palacio de Buckingham. Carlos era casi 13 años mayor que Diana. Se había graduado en la Universidad de Cambridge con honores en historia y había servido durante cinco años en la Marina Real. Tranquilo y serio, le gustaba relajarse en el campo, pintar, discutir libros, pescar y jugar al polo.

Cuando Carlos comenzó a cortejar a Diana en el verano de 1980, la opinión pública la declaró idónea. Era inglesa, aristócrata, discreta hasta la timidez, de buen humor, sana y extremadamente fotogénica. Su reputación personal era intachable, y la prensa la tenía encantada.

Los periodistas acogieron con satisfacción el anuncio, el 24 de febrero de 1981, de que el príncipe de Gales se casaría con la ayudante de maestra de jardín de infancia, de 19 años. La boda, celebrada el 29 de julio de 1981 en la catedral de San Pablo, en Londres, fue una espectacular ocasión real y un día de fiesta nacional. La cobertura radiofónica y televisiva llevó la ceremonia a una audiencia estimada en mil millones de oyentes y espectadores de todo el mundo.

La pareja se instaló en el Palacio de Kensington, en Londres. En sus apariciones públicas acudían grandes multitudes, que prácticamente ignoraban al príncipe en su afán por ver a la princesa. El talento para vestir de Diana impulsó la industria de la moda británica.

El sombrero y los guantes obligatorios no podían ocultar su natural facilidad para tratar con la gente, especialmente con los niños y los ancianos. La emoción aumentó con el anuncio, en noviembre, de que la pareja esperaba un hijo. El príncipe Guillermo Arturo Felipe Luis nació el 21 de junio de 1982. El príncipe Enrique Carlos Alberto David le siguió el 15 de septiembre de 1984. Sin embargo, Diana y Carlos descubrieron que tenían pocos intereses en común.

El legendario matrimonio no tardó en mostrar signos de tensión. Diana era cariñosa y emocional; su marido era intelectual y reservado. A ella le gustaban las compras y los restaurantes; él prefería la tranquilidad de la Escocia rural. Diana tenía poca independencia; los cortesanos fijaban su agenda con meses de antelación.

Diana seguía de cerca los informes de los periódicos, con una confianza reforzada por su popularidad pero sacudida por cualquier crítica. Detrás de una apariencia pública, su vida privada estaba marcada por los trastornos alimenticios, la depresión, las lágrimas, los enfados y las amenazas ocasionales de suicidio. Carlos comenzó a evitarla cuando podía. Diana trató de hacer frente a la situación centrándose en sus hijos, pasando horas al teléfono con sus amigos y experimentando con masajes, acupuntura y diversas terapias de la Nueva Era.

Alrededor de 1986, Diana comenzó a descubrir un nuevo sentido de propósito. Un conocido le sugirió que utilizara sus deberes públicos y sus sufrimientos privados como un camino de crecimiento espiritual personal. Sarah Ferguson, que se casó con el hermano del príncipe Carlos, el príncipe Andrés, animó a Diana a relajarse y tomar sus propias decisiones. Diana leyó literatura feminista y aumentó la confianza en sí misma.

Diana empezó a hablar en favor de los enfermos, los indigentes, los niños y los ancianos. Su actividad como mecenas del London City Ballet y del English National Ballet le valió una estrecha amistad con un hombre que murió de SIDA (síndrome de inmunodeficiencia adquirida). A pesar de la desaprobación de algunos cortesanos, trabajó para reducir el estigma de la enfermedad asistiendo a los actos benéficos contra el SIDA y quitándose los guantes para estrechar la mano a los enfermos de SIDA.

La participación de Diana en cualquier causa o acontecimiento atraía el interés de los medios de comunicación. Aunque a menudo se quejaba de ser acosada por los agresivos fotógrafos conocidos como paparazzi, utilizaba la prensa para atraer la atención del público y las contribuciones financieras a las causas que defendía. A Diana le complacía ver cómo la atención de los medios de comunicación pasaba de su ropa a sus actividades sustantivas.

La prensa sensacionalista se deleitó con los atisbos periódicos de grietas en la fachada matrimonial. En 1986, la pareja llevaba calendarios tan separados que la reina les ordenó aparecer juntos en público para acallar los rumores. En junio de 1992 se publicó una simpática biografía de Diana escrita por Andrew Morton, que criticaba duramente al príncipe Carlos, y que se publicó por entregas en el Sunday Times en julio.

La separación de Diana y Carlos se anunció en la Cámara de los Comunes el 9 de diciembre de 1992. Diana se volcó en su trabajo en favor de diversas causas: consoló a enfermos de sida, a personas sin hogar, a mujeres maltratadas y a niños víctimas de abusos sexuales; trabajó para prevenir la drogadicción y la lepra, y promovió la Cruz Roja y las necesidades de los países en desarrollo.

En diciembre, Diana anunció su retirada de muchas tareas públicas para darse "tiempo y espacio". Aunque la reina dejó de enviarla al extranjero para representar a Gran Bretaña, la princesa siguió viajando como mecenas de determinadas organizaciones benéficas privadas.

Con sus diferencias al descubierto, Diana y Carlos compitieron por la simpatía del público. El escrutinio de los medios de comunicación alcanzó su punto álgido en 1994 y 1995, cuando tanto el príncipe Carlos como la princesa Diana revelaron que habían mantenido relaciones extramatrimoniales. Los dos se divorciaron finalmente el 28 de agosto de 1996. Diana conservó el título de Princesa de Gales, pero se vio obligada a renunciar al de Alteza Real.

En los meses posteriores a su divorcio, Diana lideró una cruzada contra la fabricación y el uso de minas terrestres antipersona, que habían mutilado a innumerables civiles en regiones devastadas por la guerra en todo el mundo. La ferviente devoción de Diana por las necesidades humanas, combinada con su carismática presencia, convirtió a la princesa de Gales en la figura real más popular de Gran Bretaña.

Durante el verano de 1997, los tabloides londinenses se deleitaron con el romance de Diana con Emad Mohamed (Dodi) al-Fayed, un multimillonario de origen egipcio cuyo padre era propietario de los grandes almacenes Harrods de Londres. Las fotografías de la pareja se vendieron por grandes sumas.

El sábado 30 de agosto por la noche, en París (Francia), un grupo de paparazzi persiguió a un coche en el que viajaban Diana y Fayed. Al parecer, su conductor superó ampliamente el límite de velocidad para eludir a los fotógrafos. El coche se estrelló contra la pared de un túnel subterráneo y se estrelló contra un pilar.

El conductor y Fayed murieron inmediatamente. Un guardaespaldas galés resultó gravemente herido pero sobrevivió. La princesa Diana fue trasladada a un hospital cercano y declarada muerta en la madrugada del 31 de agosto de 1997. Gran Bretaña se sumió en el luto nacional. El funeral de Diana en la Abadía de Westminster, el sábado 6 de septiembre, fue televisado en todo el mundo.

Aunque en un principio se culpó a los fotógrafos de provocar el accidente en el que murió Diana, en 1999 un juez francés los absolvió de toda culpa, culpando en cambio al conductor. Se determinó que el conductor tenía un nivel de alcohol en sangre superior al límite legal en el momento del accidente y que había tomado medicamentos recetados incompatibles con el alcohol.

En 2006, una investigación de Scotland Yard sobre el incidente también concluyó que el conductor era culpable. Sin embargo, en abril de 2008, un jurado de investigación británico dictaminó que tanto el conductor como el paparazzi eran culpables de homicidio ilegítimo por conducción gravemente negligente. Sin embargo, no encontró pruebas de una conspiración para matar a Diana o a Fayed, una acusación que el padre de Fayed había hecho durante mucho tiempo.

Destacados

- Para asegurarse de que Guillermo y Harry tuvieran "una comprensión de las emociones de la gente, de sus inseguridades, de la angustia de las personas y de sus esperanzas y sueños", Diana llevó a sus hijos a hospitales, refugios para indigentes y orfanatos.
- Para familiarizarlos con el mundo fuera del privilegio real, Diana los llevó a restaurantes de comida rápida y al transporte público.
- La compasión, la calidez personal, la humildad y la accesibilidad de Diana le valieron el sobrenombre de "la princesa del pueblo".
- Durante mucho tiempo fue una de las mujeres más fotografiadas del mundo, y la popularidad sin precedentes de Diana, tanto en Gran Bretaña como en el extranjero, continuó después de su divorcio.

Preguntas de investigación

1. Si Lady Diana siguiera viva y se convirtiera en reina, ¿qué cree que haría de forma diferente a Carlos?
2. ¿Qué te parece el escenario de la antigua y la nueva familia real?
3. Ahora que hay tantos miembros femeninos, ¿quién tenía o tiene más poder en la familia y cómo?

William (nacido en 1982)
El hijo mayor de Carlos | Duque de Cambridge | Conde de Strathearn | Barón de Carrickfergus

Hijo mayor de Carlos, príncipe de Gales, y Diana, princesa de Gales, el príncipe Guillermo era el segundo en la línea de sucesión (después de Carlos) al trono británico. Se encuentra entre las figuras más populares de la familia real y es admirado por su aplomo y gracia tras la muerte de su madre en un accidente de coche en París (Francia) en 1997.

William Arthur Philip Louis Windsor nació el 21 de junio de 1982 en Paddington, Londres, Inglaterra. Asistió al Ludgrove School de Berkshire de 1990 a 1995 y luego al Eton College de Windsor de 1995 a 2000. Tras pasar un año viajando, se matriculó en la Universidad de St. Andrews, en Escocia, donde estudió arte y, posteriormente, geografía. Durante este tiempo, fue voluntario en Chile, trabajó en una granja lechera británica y visitó Belice y países de África. En 2005 se graduó en St. Andrews.

En 2006 William ingresó en la Real Academia Militar de Sandhurst. En 2008 fue destinado a la Real Fuerza Aérea y luego a la Real Marina, para que pudiera adquirir experiencia en las tres principales ramas de los servicios armados.

Los oficiales militares prefirieron que no sirviera en una zona de combate, señalando que podría convertirse en un objetivo de ataque, poniendo así en peligro a sus compañeros. Posteriormente se incorporó al equipo de búsqueda y rescate de la Real Fuerza Aérea, que opera fuera de combate, y realizó su primera misión como piloto de helicóptero en octubre de 2010.

En noviembre de 2010 se anunció que Guillermo se casaría con su novia de toda la vida, Catherine ("Kate") Middleton, a la que había conocido en la Universidad de St. La boda real tuvo lugar el 29 de abril de 2011 en la Abadía de Westminster, en Londres.

Guillermo se convirtió en el Príncipe Guillermo, Duque de Cambridge, Conde de Strathearn y Barón de Carrickfergus. El primer hijo de Guillermo y Catalina, el príncipe Jorge Alejandro Luis de Cambridge, nació el 22 de julio de 2013. Su hija, la princesa Charlotte Elizabeth Diana de Cambridge, nació el 2 de mayo de 2015. Su segundo hijo, el príncipe Luis Arturo Carlos de Cambridge, nació el 23 de abril de 2018.

Destacados

- Antes de ingresar en la Universidad de St. Andrews, en Escocia, donde William estudió historia del arte y, posteriormente, geografía, pasó un año viajando.
- Su madre lo introdujo en las actividades benéficas, por lo que fue voluntario en Chile.
- En 2008, William fue destinado a la Real Fuerza Aérea y luego a la Real Marina, para poder adquirir experiencia en las tres principales ramas de los servicios armados.
- En noviembre de 2010 se anunció que Guillermo se casaría con su novia de toda la vida, Catalina (Kate) Middleton, a la que había conocido en St.
- La boda real tuvo lugar el 29 de abril de 2011 en la Abadía de Westminster, en Londres.

Preguntas de investigación

1. ¿Hay algo que todo el mundo debería saber sobre la realeza británica que no sepa ya?
2. ¿Quién es tu miembro de la realeza favorito para seguir en Twitter o Instagram?
3. ¿Cuál es su hecho real favorito?

Catherine (nacida en 1982)

La esposa del Príncipe Guillermo | La nieta de la Reina | La Duquesa de Cambridge

La socialité británica Catherine Middleton soportó con calma años de intenso escrutinio mediático después de empezar a salir con el príncipe Guillermo de Gales. En 2011 la pareja se casó, y Catherine fue acogida en la familia real.

Catherine Elizabeth Middleton, apodada Kate, nació el 9 de enero de 1982 en Reading, Berkshire, Inglaterra. Sus padres se conocieron mientras trabajaban como auxiliares de vuelo en British Airways. En 1987 fundaron un negocio de venta por correo de artículos para fiestas infantiles.

La empresa les hizo millonarios y les permitió enviar a su hija al prestigioso Marlborough College de Wiltshire (Inglaterra). En Marlborough destacó tanto en el ámbito deportivo -capitaneó el equipo de hockey sobre hierba del colegio- como en el académico.

En 2001, Middleton comenzó a asistir a la Universidad de St. Andrews, en Escocia. Allí conoció a Guillermo, un compañero de primer curso de historia del arte que era el segundo en la línea de sucesión (despúes de su padre, Carlos) al trono británico.

Los dos empezaron a salir, y su relación se hizo pública en 2004, cuando fueron fotografiados durante unas vacaciones en Suiza. Tras graduarse en St. Andrews en 2005, Middleton trabajó brevemente como compradora de accesorios para una tienda de ropa. Más tarde, desempeñó diversas funciones en la empresa de sus padres, al tiempo que realizaba numerosas obras de caridad.

En noviembre de 2010 se anunció que Middleton y Guillermo se habían comprometido. Como preparación para el ingreso en la familia real, Middleton decidió empezar a utilizar su nombre de pila, Catalina. La boda real tuvo lugar el 29 de abril de 2011 en la Abadía de Westminster, y Middleton recibió el título de duquesa de Cambridge.

El 22 de julio de 2013 nació el primer hijo de la pareja, el príncipe Jorge Alejandro Luis de Cambridge. Su hija, la princesa Charlotte Elizabeth Diana de Cambridge, nació el 2 de mayo de 2015. Catalina dio a luz a un segundo hijo, el príncipe Luis Arturo Carlos de Cambridge, el 23 de abril de 2018.

Destacados

- En Marlborough, Catherine (que entonces se llamaba Kate) era conocida como una estudiante seria y sensata, que destacaba tanto en el ámbito deportivo -capitaneaba el equipo de hockey sobre hierba de la escuela- como en el académico.
- Andrews (Escocia), donde conoció al príncipe Guillermo, un compañero de primer curso de historia del arte que era el segundo en la línea de sucesión al trono británico (después de su padre, Carlos).
- Ambos comenzaron a salir, aunque su relación no se hizo pública hasta que fueron fotografiados juntos de vacaciones en Suiza en 2004.
- Tras varios años de intensas especulaciones por parte de los medios de comunicación británicos sobre los planes de

matrimonio de la pareja -durante los cuales Kate fue apodada "Waity Katie"-, en noviembre de 2010 se anunció que ambos se habían comprometido.

Preguntas de investigación

---

1. ¿Dónde prefieres vivir? ¿Australia o Gran Bretaña?
2. ¿Qué te parecen los estilos de vestir de Catherine?
3. ¿Qué opina de Catalina como posible reina?

Harry (nacido en 1984)

El hijo menor de Carlos | Duque de Sussex | Conde de Dumbarton | Barón de Kilkeel

El príncipe Harry es el hijo menor de Carlos, príncipe de Gales, y Diana, princesa de Gales. Su padre es el siguiente en la línea de sucesión al trono británico.

El Príncipe Enrique Carlos Alberto David nació en Londres, Inglaterra, el 15 de septiembre de 1984. Se le conoce comúnmente como el Príncipe Harry. Es el segundo hijo del Príncipe Carlos y la Princesa Diana. Su hermano, el príncipe Guillermo, es dos años mayor. Su abuela es la reina Isabel II.

Al igual que su hermano mayor, Harry asistió a una serie de colegios privados antes de ingresar en el prestigioso Eton College. Tras graduarse en Eton en 2003, Harry visitó Argentina y África. Trabajó en una explotación ganadera en Australia y en un orfanato en Lesotho. En lugar de ir a la universidad, Harry ingresó en mayo de 2005 en Sandhurst, la principal academia militar británica para la formación de oficiales del ejército. Fue nombrado oficial en abril de 2006.

Como miembro de la familia real británica, Harry ha sido a menudo objeto de la atención de los medios de comunicación. En enero de 2005 fue objeto de intensas críticas cuando asistió a una fiesta con un uniforme nazi y una banda de esvástica en el brazo. El príncipe se disculpó más tarde por lo que reconoció como un grave error de juicio.

En febrero de 2007 se anunció que el regimiento del ejército de Harry sería desplegado en Irak. Sin embargo, por consejo de las fuerzas armadas, se decidió que ni Harry ni Guillermo servirían con las fuerzas británicas en Irak por temor a que se convirtieran en objetivos específicos de ataque y pusieran así a sus compañeros en excesivo riesgo.

Al año siguiente, Harry cumplió un período de servicio de 10 semanas en Afganistán después de que los medios de comunicación británicos acordaran no hacer públicos los detalles de su servicio. Su gira terminó después de que los medios de comunicación extranjeros informaran de su despliegue.

Activo en varias causas, en 2006 Harry ayudó a fundar una organización benéfica para niños en Lesotho. Estaba dedicada a su madre, fallecida en 1997. En 2007, Harry y Guillermo celebraron un servicio conmemorativo con motivo del décimo aniversario de la muerte de Diana.

Tras asistir a los Warrior Games para militares y veteranos estadounidenses heridos, Harry fundó los Invictus Games, una competición deportiva internacional para veteranos y militares heridos y enfermos. Los Juegos Invictus se estrenaron en Londres en 2014.

En 2017 Harry se comprometió con la actriz estadounidense Meghan Markle. La pareja se casó el 19 de mayo de 2018. Entonces recibieron los títulos de duque y duquesa de Sussex. Meghan dio a luz a su hijo, Archie Harrison Mountbatten-Windsor, el 6 de mayo de 2019. Harry y Meghan querían llevar una vida más privada, y su cobertura en la prensa era cada vez más negativa.

Además, parecía haber crecientes tensiones entre la pareja y otros miembros de la realeza. En enero de 2020 Harry y Meghan anunciaron que se "apartarían" de sus obligaciones reales y trabajarían para ser "económicamente independientes." Además, planeaban dividir su tiempo entre el Reino Unido y Norteamérica.

Tras las negociaciones con el palacio, se anunció que Harry y Meghan "ya no [serían] miembros activos de la Familia Real." Con este cambio de estatus, dejarían de utilizar los títulos de Su (o Su) Alteza Real. Los cambios entraron en vigor el 31 de marzo de 2020.

Destacados

- Harry participó activamente en varias causas, como la conservación de la vida salvaje en África. En 2006 ayudó a fundar una organización benéfica para niños en Lesotho, dedicada a su madre, fallecida en 1997.
- Tras asistir a los Juegos de los Guerreros para veteranos y militares estadounidenses heridos y quedar impresionado por ellos, Harry fundó los Juegos Invictus, una competición deportiva internacional para veteranos y militares heridos y enfermos.
- En mayo de 2018, Harry se casó con Meghan Markle -una actriz estadounidense divorciada, hija de madre afroamericana y padre blanco-, cuya accesibilidad informal y su incontenible calidez personal recordaban a la muy querida Diana, recordada como la "Princesa del Pueblo".

Preguntas de investigación

1. ¿Cuál fue su primera reacción a la Boda Real entre el Príncipe Harry y Meghan Markle?
2. Cuál es tu opinión sobre la relación del príncipe Harry y Meghan Markle?
3. ¿Eres más de Harry o de William?

Meghan (nacida en 1981)

Esposa del Príncipe Enrique | Nieta de la Reina | Duquesa de Sussex | Baronesa Kilkeel

La actriz estadounidense Meghan Markle protagonizó la serie de televisión Suits de 2011 a 2017. Se convirtió en miembro de la familia real británica en 2018 cuando se casó con el príncipe Harry. En ese momento su título se convirtió en el de duquesa de Sussex.

Rachel Meghan Markle nació el 4 de agosto de 1981 en Los Ángeles, California. Es hija de madre afroamericana y padre blanco. Su madre era trabajadora social y su padre era director de iluminación y director de fotografía de un programa de televisión.

La pareja se divorció cuando Markle tenía seis años, y ella vivió con su madre en California. Markle estudió en la Universidad Northwestern de Illinois. Se graduó en 2003 con una licenciatura en teatro y estudios internacionales.

Tras su graduación, Markle regresó a California, donde empezó a presentarse a audiciones para papeles de actriz. Su primera aparición en televisión fue en un episodio de la telenovela General Hospital en 2002. En los años siguientes, Markle actuó como estrella invitada o tuvo pequeños papeles recurrentes en series como 90210, Without a Trace y Fringe.

Meghan también aceptó trabajos esporádicos, como el de calígrafo, para ayudarse a sí misma. Su gran oportunidad llegó en 2011, cuando empezó a interpretar a Rachel Zane en el drama televisivo Suits. El personaje era una asistente legal que fue a la escuela de derecho y finalmente se convirtió en abogada. Markle también apareció en varias películas, como Horrible Bosses (2011), Random Encounters (2013) y Anti-Social (2015). Markle se casó con el productor de cine y agente de talentos Trevor Engelson en 2011. Ambos se divorciaron en 2013.

Markle estuvo involucrada en obras de caridad durante gran parte de su vida. De niña, trabajó en comedores sociales. En 2015 fue Defensora de la Mujer de las Naciones Unidas para la Participación Política y el Liderazgo de la Mujer. Al año siguiente se convirtió en embajadora mundial de World Vision, una organización dedicada a luchar contra la pobreza y la injusticia en la vida de los niños.

Con el grupo visitó Ruanda, donde Meghan conoció a personas implicadas en la campaña de agua potable de la organización. Meghan también trabajó por la igualdad de género. Markle incluía a menudo información sobre su filantropía en su blog de estilo de vida, The Tig. También publicó artículos sobre temas generales como la comida, los viajes y la moda. Mantuvo el sitio web desde 2014 hasta 2017.

Harry y Markle empezaron a salir en 2016 después de que un amigo común les propusiera una cita a ciegas. Se casaron el 19 de mayo de 2018 en la Capilla de San Jorge del Castillo de Windsor. La pareja tuvo un hijo, Archie Harrison Mountbatten-Windsor, que nació el 6 de mayo de 2019. A principios de 2020, la pareja anunció que se "apartaría" de sus obligaciones reales y trabajaría para ser "financieramente independiente."

Además, tenían previsto dividir su tiempo entre el Reino Unido y Norteamérica. Tras las negociaciones con el palacio, se anunció que a partir del 31 de marzo de 2020, Harry y Meghan "ya no [serían] miembros activos de la Familia Real." Con ese cambio, seguirían llamándose duque y duquesa de Sussex, pero no serían conocidos como Su (o Su) Alteza Real.

Destacados

- En 1995 tuvo un papel no acreditado en la comedia Married…with Children, en la que su padre actuó como director de iluminación y de fotografía.
- Tras graduarse en 1999 en el Immaculate Heart High School, un colegio católico para chicas, Markle estudió teatro y estudios internacionales en la Northwestern University de Evanston (Illinois) (licenciada en 2003).
- La gran oportunidad de Meghan llegó cuando fue elegida para interpretar a la asistente legal Rachel Zane en la popular serie dramática legal de USA Network Suits (2011-19).
- Además, Meghan habló públicamente de política y de temas personales que se consideraban impropios de los miembros de la familia real.

Preguntas de investigación

1. Independientemente de tu opinión sobre la noticia de Harry y Meghan, ¿cuáles son algunas predicciones para la vida de sus hijos?
2. ¿Qué opina de la probabilidad de que se produzca pronto otro bebé de la realeza?
3. ¿Cómo cree que un nuevo miembro de la realeza se abrirá paso en la historia?

Tu regalo

Tienes un libro en tus manos.

No es un libro cualquiera, es un libro de Student Press Books. Escribimos sobre héroes negros, mujeres empoderadas, mitología, filosofía, historia y otros temas interesantes.

Ya que has comprado un libro, queremos que tengas otro gratis.

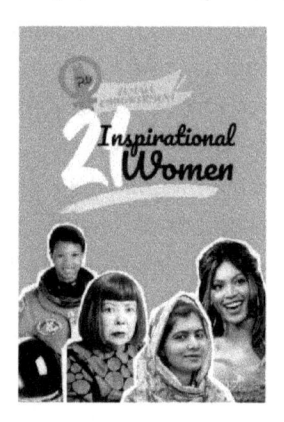

Todo lo que necesita es una dirección de correo electrónico y la posibilidad de suscribirse a nuestro boletín (lo que significa que puede darse de baja en cualquier momento).

¿A qué espera? Suscríbase hoy mismo y reclame su libro gratuito al instante. Todo lo que tiene que hacer es visitar el siguiente enlace e introducir su dirección de correo electrónico. Se le enviará el enlace para descargar la versión en PDF del libro inmediatamente para que pueda leerlo sin conexión en cualquier momento.

Y no te preocupes: no hay trampas ni cargos ocultos; sólo un regalo a la vieja usanza por parte de Student Press Books.

Visite este enlace ahora mismo y suscríbase para recibir un ejemplar gratuito de uno de nuestros libros.

Link: https://campsite.bio/studentpressbooks

Libros

Nuestros libros están disponibles en las principales librerías online. Descubra los paquetes digitales de nuestros libros aquí:

https://payhip.com/studentPressBooksES

La serie de libros sobre la historia de la raza negra.

Bienvenido a la serie de libros sobre la historia de la raza negra. Conozca los modelos de conducta de los negros con estas inspiradoras biografías de pioneros de América, África y Europa. Todos sabemos que la Historia de la raza negra es importante, pero puede ser difícil encontrar buenos recursos.

Muchos de nosotros estamos familiarizados con los sospechosos habituales de la cultura popular y los libros de historia, pero estos libros también presentan a héroes y heroínas afroamericanas menos conocidos de todo el mundo cuyas historias merecen ser contadas. Estos libros de biografías te ayudarán a comprender mejor cómo el sufrimiento y las acciones de las personas han dado forma a sus países y comunidades marcando a las futuras generaciones.

Títulos disponibles:

1. 21 líderes afroamericanos inspiradores: Las vidas de grandes triunfadores del siglo XX: Martin Luther King Jr., Malcolm X, Bob Marley y otras personalidades

2. 21 heroínas afroamericanas extraordinarias: Relatos sobre las mujeres de raza negra más relevantes del siglo XX: Daisy Bates, Maya Angelou y otras personalidades

La serie de libros "Empoderamiento femenino".

Bienvenido a la serie de libros Empoderamiento femenino. Descubre los intrépidos modelos femeninos de los tiempos modernos con estas inspiradoras biografías de pioneras de todo el mundo. El empoderamiento femenino es un tema importante que merece más atención de la que recibe. Durante siglos se ha dicho a las mujeres que su lugar está en el hogar, pero esto nunca ha sido cierto para todas las mujeres o incluso para la mayoría de ellas.

Las mujeres siguen estando poco representadas en los libros de historia, y las que llegan a los libros de texto suelen quedar relegadas a unas pocas páginas. Sin embargo, la historia está llena de relatos de mujeres fuertes, inteligentes e independientes que superaron obstáculos y cambiaron el curso de la historia simplemente porque querían vivir su propia vida.

Estos libros biográficos te inspirarán a la vez que te enseñarán valiosas lecciones sobre la perseverancia y la superación de la adversidad. Aprende de estos ejemplos que todo es posible si te esfuerzas lo suficiente.

Títulos disponibles:

1. 21 mujeres sorprendentes: Las vidas de las intrépidas que rompieron barreras y lucharon por la libertad: Angela Davis, Marie Curie, Jane Goodall y otros personajes
2. 21 mujeres inspiradoras: La vida de mujeres valientes e influyentes del siglo XX: Kamala Harris, Madre Teresa y otras personalidades
3. 21 mujeres increíbles: Las inspiradoras vidas de las mujeres artistas del siglo XX: Madonna, Yayoi Kusama y otras personalidades
4. 21 mujeres increíbles: La influyente vida de las valientes mujeres científicas del siglo XX

La serie de libros de Líderes Mundiales.

Bienvenido a la serie de libros de Líderes Mundiales. Descubre los modelos reales y presidenciales del Reino Unido, Estados Unidos y otros países. Con estas biografías inspiradoras de la realeza, los presidentes y los jefes de Estado, conocerás a los valientes que se atrevieron a liderar, incluyendo sus citas, fotos y datos poco comunes.

La gente está fascinada por la historia y la política y por aquellos que la moldearon. Estos libros ofrecen nuevas perspectivas sobre la vida de personajes notables. Esta serie es perfecta para cualquier persona que quiera aprender más sobre los grandes líderes de nuestro mundo; jóvenes lectores ambiciosos y adultos a los que les gusta leer sobre personajes interesante.

Títulos disponibles:

1. Los 11 miembros de la familia real británica : La biografía de la Casa de Windsor: La reina Isabel II y el príncipe Felipe, Harry y Meghan y más
2. Los 46 presidentes de América : Sus historias, logros y legados: De George Washington a Joe Biden
3. Los 46 presidentes de América: Sus historias, logros y legados - Edición ampliada

La serie de libros de Mitología Cautivadora.

Bienvenido a la serie de libros de Mitología Cautivadora. Descubre los dioses y diosas de Egipto y Grecia, las deidades nórdicas y otras criaturas mitológicas.

¿Quiénes son estos antiguos dioses y diosas? ¿Qué sabemos de ellos? ¿Quiénes eran realmente? ¿Por qué se les rendía culto en la antigüedad y de dónde procedían estos dioses?

Estos libros presentan nuevas perspectivas sobre los dioses antiguos que inspirarán a los lectores a considerar su lugar en la sociedad y a aprender sobre la historia. Estos libros de mitología también examinan temas que influyeron en ella, como la religión, la literatura y el arte, a través de un formato atractivo con fotos o ilustraciones llamativas.

Títulos disponibles:

1. El antiguo Egipto: Guía de los misteriosos dioses y diosas egipcios: Amón-Ra, Osiris, Anubis, Horus y más

2. La antigua Grecia: Guía de los dioses, diosas, deidades, titanes y héroes griegos clásicos: Zeus, Poseidón, Apolo y otros
3. Antiguos cuentos nórdicos: Descubriendo a los dioses, diosas y gigantes de los vikingos: Odín, Loki, Thor, Freya y más

La serie de libros de Teoría Simple.

Bienvenido a la serie de libros de Teoría Simple. Descubre la filosofía, las ideas de los antiguos filósofos y otras teorías interesantes. Estos libros presentan las biografías e ideas de los filósofos más comunes de lugares como la antigua Grecia y China.

La filosofía es un tema complejo, y mucha gente tiene dificultades para entender incluso lo más básico. Estos libros están diseñados para ayudarte a aprender más sobre la filosofía y son únicos por su enfoque sencillo. Nunca ha sido tan fácil ni tan divertido comprender mejor la filosofía como con estos libros. Además, cada libro también incluye preguntas para que puedas profundizar en tus propios pensamientos y opiniones.

Títulos disponibles:

1. Filosofía griega: Vidas e ideales de los filósofos de la antigua Grecia: Sócrates, Platón, Protágoras y otros
2. Ética y Moral: Filosofía moral, bioética, retos médicos y otras ideas éticas

La serie de libros Empoderamiento para jóvenes empresarios.

Bienvenido a la serie de libros Empoderamiento para jóvenes empresarios. Nunca es demasiado pronto para que los jóvenes ambiciosos comiencen su carrera. Tanto si eres una persona con mentalidad empresarial que intenta construir tu propio imperio, como si eres un aspirante a empresario que comienza el largo y sinuoso camino, estos libros te inspirarán con las historias de empresarios de éxito.

Conoce sus vidas y sus fracasos y éxitos. Toma el control de tu vida en lugar de simplemente vivirla.

Títulos disponibles:

1. 21 empresarios de éxito: Las vidas de importantes personalidades exitosas del siglo XX: Elon Musk, Steve Jobs y otros
2. 21 emprendedores revolucionarios: La vida de increíbles personalidades del siglo XIX: Henry Ford, Thomas Edison y otros

La serie de libros de Historia fácil.

Bienvenido a la serie de libros de Historia fácil. Explora varios temas históricos desde la edad de piedra hasta los tiempos modernos, además de las ideas y personas influyentes que vivieron a lo largo de los tiempos.

Estos libros son una forma estupenda de entusiasmarse con la historia. Los libros de texto, áridos y aburridos, suelen desanimar a la gente, pero las historias de personas corrientes que marcaron un punto de inflexión en la historia mundial, son muy atrayentes. Estos libros te dan esa oportunidad a la vez que te enseñan información histórica importante.

Títulos disponibles:

1. La Primera Guerra Mundial, sus grandes batallas y las personalidades y fuerzas implicadas
2. La Segunda Guerra Mundial: La historia de la Segunda Guerra Mundial, Hitler, Mussolini, Churchill y otros protagonistas implicados
3. El Holocausto: Los nazis, el auge del antisemitismo, la Noche de los cristales rotos y los campos de concentración de Auschwitz y Bergen-Belsen
4. La Revolución Francesa: El Antiguo Régimen, Napoleón Bonaparte y las guerras revolucionarias francesas, napoleónicas y de la Vendée

Nuestros libros están disponibles en las principales librerías online.
Descubra los paquetes digitales de nuestros libros aquí:

https://payhip.com/studentPressBooksES

Conclusión

Esperamos que hayas disfrutado leyendo sobre los 11 miembros de la real británica de la Casa de Windsor.

Desde Jorge V hasta la reina Isabel II y sus nietos, este libro es un recorrido por los siglos de la Casa de Windsor.

Tanto si acaba de empezar como si lleva toda la vida siguiendo a estos miembros de la realeza, sabemos que este libro tiene algo interesante para todos. Así que adelante, toma asiento junto a Guillermo y Kate mientras firman su vida en común en el Palacio de Holyrood en Edimburgo.

Este libro es perfecto para todos los lectores aficionados a la realeza o para los que estén interesados en saber más sobre la monarquía inglesa.

¿Has leído esta lectura educativa? ¿Qué te ha parecido? ¡áznoslo saber con una bonita reseña del libro!

Nos encantaría leerla, así que no dejes de escribir una.